Mandie Davis & Alain Blancbec

First published by Les Puces Ltd in March 2020
ISBN 978-1-9164839-7-2
© March 2020 Les Puces Ltd   www.LesPuces.co.uk
Spanish translation by Oscar Cayuela
Original artwork © February 2015 Alain Blancbec and Les Puces Ltd

También disponible en Les Puces

Visite la tienda en nuestro sitio web: www.lespuces.co.uk

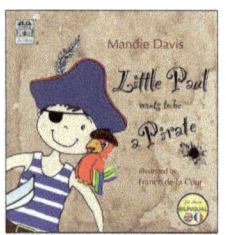    
  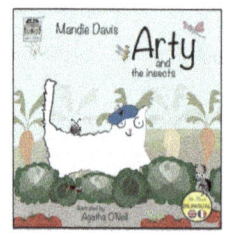 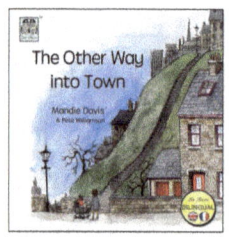 
    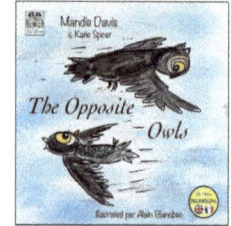
  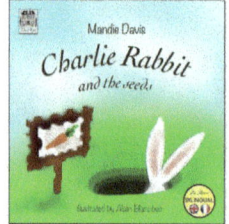 
 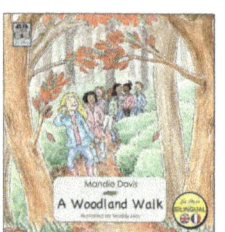  

El conejito Carlitos
y las semillas

*Para mi nieto Parker,
sigue disfrutando aprendiendo castellano.*

Oscar Cayuela

Éste es Carlitos. Es un conejito blanco. Está en el jardín. ¿Qué ha encontrado? ¡Unos paquetes de semillas!

Los paquetes tienen dibujos. Hay dibujos de árboles. ¿Qué formas puedes ver? Hay un cuadrado, un triángulo, un círculo, un rectángulo, una estrella y un rombo. ¿Cuál es tu forma favorita?

La forma favorita de Carlitos es la estrella. Coge su pala y se va al jardín. ¿Qué forma plantará primero?

Primero planta las semillas en forma de cuadrado. Cava un agujero, planta las semillas y cuidadosamente las cubre con tierra.

*Aquí está la segunda.
¿De qué forma es?
Es un triángulo.*

¿Qué semillas planta a continuación? Hay un círculo, un rectángulo y un rombo.

Ahora el conejito Carlitos está plantando la última semilla. Es su forma favorita: ¡la estrella!

Cada día el conejito Carlitos mira a sus semillas y espera a que crezcan. El primer día no pasa nada...

...y al siguiente día no pasa nada tampoco.

¡Se requiere mucho sol, algo de tiempo y mucha lluvia para que las semillas crezcan!

¿Puedes hacer el sol con tus manos? ¿Puedes hacer que la lluvia caiga con las puntas de tus dedos?

¡Por fín, los árboles están creciendo! ¡Carlitos salta de alegría!

Los árboles crecen grandes y hermosos. Tienen la forma de un círculo y de un triángulo.

Hay un árbol en forma de un rombo, de un rectángulo y de un cuadrado.

El conejito Carlitos está perplejo. Está perplejo porque su árbol en forma de estrella se parece a un círculo.

Algunas cosas requieren más tiempo. El conejito Carlitos espera. El primer día no pasa nada.

Al siguiente día tampoco pasa nada.

No pasa nada durante la noche.

Pero, ¡mira! ¿qué forma tiene el árbol ahora? ¡Por fín! ¡es una estrella!

el sol
the sun

el rectángulo
the rectangle

el cielo
the sky

la rama
the branch

el triángulo
the triangle

el círculo
the circle

el árbol
the tree

el paquete de semillas
the seed packet

la semilla
the seed

But look! What shape is the tree now? At last, it's a star!

Nothing happens during the night.

The next day nothing happens either!

Some things need more time. Charlie Rabbit waits. The first day nothing happens.

Charlie Rabbit is puzzled. He is puzzled because his star tree looks like a circle tree!

There is a diamond tree, a rectangle tree and a square tree.

The trees grow big and beautiful. They are shaped like a circle and a triangle.

At last the trees are growing. Charlie jumps for joy!

Can you make sunshine with your hands? Can you make the rain fall with your fingertips?

It takes lots of sunshine, some time and lots of rain for the seeds to grow.

...and the next day nothing happens.

Every day Charlie Rabbit looks at his seeds and waits for them to grow. The first day nothing happens...

Now Charlie Rabbit is planting the last seed.
It is his favourite shape,
a star.

Which seeds is he planting next? There is a circle, a rectangle and a diamond.

Here is the second seed. What shape is it? It's a triangle.

First he plants the square seeds. He digs a hole, plants the seeds and gently covers them with soil.

Charlie's favourite shape is a star. He takes his spade and goes into the garden. Which shape will he plant first?

The packets have pictures on them. They are pictures of trees. What shapes can you see? A square, a triangle, a circle, a rectangle, a star and a diamond. Which is your favourite shape?

Here is Charlie. He is a white rabbit. He is in the garden. What has he found? Some packets of seeds!

Charlie Rabbit
and the seeds

*For my grandson Parker.
I hope you continue to enjoy learning Spanish.*

Oscar Cayuela

Also available from Les Puces

Visit the shop on our website at www.lespuces.co.uk

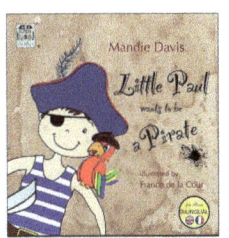    

  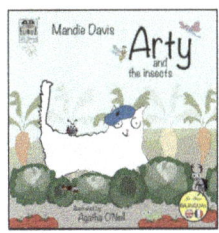 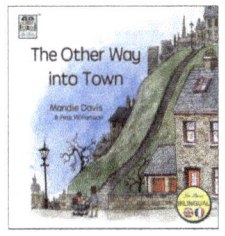 

    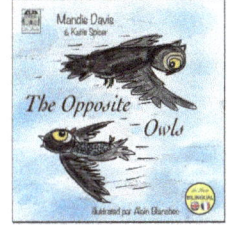

 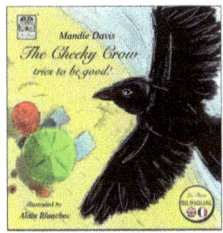   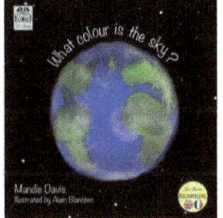

 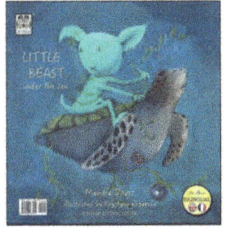 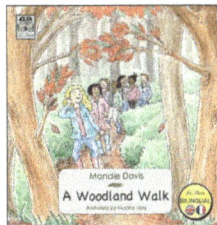  

Mandie Davis
&
Alain Blancbec

First published by Les Puces Ltd in March 2020
ISBN 978-1-9164839-7-2
© March 2020 Les Puces Ltd   www.Lespuces.co.uk
Spanish translation by Oscar Cayuela
Original artwork © February 2015 Alain Blancbec and Les Puces Ltd